AF235866

Geschichten vom Saschamanen

Diese Geschichten nehmen dich mit in meine Welt. Eine Welt voller Märchen und Zauber. Ich erzähle euch von meinen Erkundungen im Jenseits, Begegnungen mit Pflanzengeistern und Geschichten aus meiner Phantasie. Lass dich faszinieren. Wage einen Blick in eine etwas andere Welt. Dies sind meine Abenteuer und Geschichten aus der Geisterwelt !!!

Viel Spaß beim lesen ...

Impressum

Bibliografische Information der Deutschen Nationalbibliothek:
Die Deutsche Nationalbibliothek verzeichnet diese Publikation
in der Deutschen Nationalbibliografie; detaillierte
bibliografische Daten sind im Internet über dnb.dnb.de
abrufbar.

© 2021 Sascha Ihle
Herstellung und Verlag: BoD – Books on Demand, Norderstedt
ISBN: 978-3-7534-5371-2

Inhaltsangabe

Ein kurzer "Abstecher" ins Leben nach dem Leben

In der nachfolgenden Erzählung möchte ich euch von meinen Erlebnissen in der jenseitigen Welt berichten.
Es wird nicht zur Nachahmung empfohlen, nicht Einhaltung kann den Tod zur Folge haben. ;)

In meinem Leben habe ich die Schwelle des Todes schon öfter überschritten als mir lieb ist. Anfangs ungewollt, doch nun bin ich in der Lage, jederzeit, mit meiner Seele dorthin zu Reisen und kann dieses auch anderen vermitteln. In diesem Buch möchte ich euch einige meiner Erlebnisse näher bringen, damit ihr euch ein ungefähres Bild machen könnt, was ihr nach dem Tod vorfinden könntet.
Vorausgesetzt man trifft die Richtigen Entscheidungen zu Lebzeiten !!!
Dies sind meine eigenen Eindrücke und jeder Mensch hat seine eigene Reiserute im Jenseits.
Als erstes möchte ich euch von einer meiner ersten Initiationen erzählen.
Mein Leben zur Damaligen Zeit war sehr

Chaotisch und sehr Extrem. Exzesse und eine nie Enden wollende Feier. So begab es sich, dass ich nach dreiwöchigem Exzess meine körperlichen Grenzen erreichte.

Die Blutzufuhr in meiner linken Körperhälfte war gleich Null, ebenso hatte ich kein Empfinden mehr darin.

Mein Körper sackte in sich zusammen und mit großer Mühe schleppte ich mich aufs Bett, um dort mein unwiderrufliches Ende zu finden.

Panik und Angst erfüllten meinen Geist. Die Gedanken überschlugen sich, kalter Schweiß stieg in mir auf. Wenn du die Augen zumachst, dann war es das für dich mein lieber Sascha.

Ich kämpfte dagegen an und versuchte mich mit aller Kraft dagegen zu wehren....

Pustekuchen.

Zu oft habe ich dieses Spielchen mit meinem Körper getrieben.

Nachdem es mir klar wurde, das ich es dieses mal endlich geschafft hatte.

Game Over, Vinito, Ende Gelände, aus die Maus. Ich atmete tief durch. Ein und aus. Ein und aus.

Das wichtigste das ich in all den Jahren gelernt hatte, fiel mir wieder ein.

!!! KEINE PANIK !!!

Eine innere Ruhe kehrte in mir ein. Was hast du für Optionen ?

Krankenhaus? Notarzt? Neee, das ist nicht meine Art.

Mein Leben zog an meinem inneren Auge vorbei.

Mit meinen 30 Jahren hatte ich mehr erlebt als so mancher Erdenbewohner. Ich habe geliebt und wurde geliebt. Habe alles Erlebt was mich Glücklich und unglücklich gemacht hat. Meine Höhen und Tiefen waren extravagant und hätten nicht weiter voneinander entfernt sein können. Ich habe den Grad zwischen Wahnsinn und Genie gelebt. In der kurzen Zeit habe ich mehr erlebt, als die meisten Menschen mit 100 Jahren.

Kurz gesagt ... mein Leben hat sich in meinen Augen gelohnt und ich würde es nicht anders gelebt haben wollen.

Mit einem Lächeln schloss ich meine Augen, in dem Wissen, das ich nun dem Tod entgegentreten würde. Und so war es gut für mich !!!

Ich habe es erkannt. So wie jeder Mensch kurz vor seinem Ableben.

Es ist wichtig was das Herz zu sagen hat. Nur darauf kommt es in der letzten Sekunde an. Einzig und allein auf das Herz...

Alles wurde schwarz. Ich spürte wie ich meinen letzten Atemzug tat.
Ein letztes mal verließ der Sauerstoff meine Lunge und … Stille. Dunkelheit. Leichtigkeit. Ich war glücklich und fühlte mich geborgen. Meine Seele verließ meinen Körper und zum Abschied lächelte ich und entbot ihm einen letzten Gruß. „Mach´s gut, alter Knochensack !"
Meine Seele entschwand. Kein Licht. Kein Tunnel. Da war nichts. Nur Zufriedenheit, Geborgenheit und ein wunderschönes Glücksgefühl. Ich fühlte mich endlich zu Hause. Meine lange Reise hatte ihren nächsten Abschnitt erreicht.

So trieb ich dahin und flog zu den Sternen. Schwerelos ... Körperlos ... Gedankenlos ... Ohne jede Angst ... Losgelöst von allem, was mich auf der Erde so festgehalten und in seinen Bann gezogen hatte .... frei , endlich Frei !

So schwebte ich dahin in der Schwerelosigkeit, den Sternen entgegen. Jeder Stern erzählte mir seine Geschichte. Es waren berühmte Persönlichkeiten, die der

Menschheit etwas hinterlassen haben.
Einstein, Hendrix, Nietzsche, Goethe, Tito und viele mehr. Es waren tolle Geschichten und ich genoss ihre Präsenz. Etwas kam um mich abzuholen.
Ich kann euch nicht sagen wer oder was es war. Eine Energie, die mich zu meinem Bestimmungsort bringen sollte. Ein Bote. Ich lies es geschehen.

Sie brachte mich zu einer, wie man es aus früheren Talk Shows kannte, Schattenwand. Dahinter war ... zu der Zeit wusste ich nicht, mit wem ich das Vergnügen hatte.
Die Gestalt hinter der Wand begrüßte mich und wir unterhielten uns über die verschiedensten Sachen. Das Leben, den Tod, dies und das. Das Gespräch führte in eine ganz bestimmte Richtung. Es ging um das Leben an sich und all seinen Eigenheiten.
Am Ende hörte ich mich sagen: „ JA, ICH WILL LEBEN UND WERDE DAS LEBEN IN ALL SEINEN FORMEN SCHÜTZEN UND BEWAHREN!!!"
Als diese Worte ausgesprochen waren, spürte ich wie mein Gegenüber hinter der Schattenwand lächelte.
Er sprach einen Ultimativen Satz der all meine

Gedanken, mein Wissen und alles was ich zu wissen glaubte, hinwegfegte. Und so schickte er mich wieder zurück in meinen Körper. Mit einem Geschenk, dass ich mir so sehr wünschte. Wieder geboren als Kind mit 30 Jahren. Ich durfte nun die Welt so sehen und erleben wie sie in Wirklichkeit ist.

Als ich an diesen Morgen erwachte, war nichts mehr wie es einmal war.

Ich kündigte meine Wohnung, meinen unbefristeten Job, mein Umfeld, meiner Freundin und zog hinaus in die Wälder um zu lernen.

Meine Sprache hatte ich verloren, genauso wie einfache motorische Fähigkeiten. Diese durfte ich nun neu erlangen. Ebenso wie das Denken und alles was mir über die Jahre eingetrichtert worden war. Mein Geist war frei und so konnte ich alles besser verstehen und mein Leben mit den Geistern begann......

Das war meine erste bewusste Nah Tod Erfahrung.

Von diesem Tag an änderte ich alles an mir, was mich all die Jahre störte, wo ich doch nie die Zeit fand etwas dafür oder dagegen zu tun.

Es war der erste Schritt in mein jetziges Leben. Ein Leben voller Staunen.

Mein Leben mit den großen Mysterium und

seiner … unserer Familie.
Ich liebe mein Leben und es wird von Tag zu Tag besser.
Alle Zeit ist jetzt ! Und das jeden neuen Tag in diesem Paradies!! Erde !!!

Mein Weg, der eigenen Seele, nach dem irdischen Tod
(nach 10 Jahren mit den richtigen Entscheidungen) „2"

Wolf brachte mich zu den Eingängen des Jenseits. Meinem Übergang ins Seelenreich. Ein Höhlenlabyrinth aus Tunneln mit verschiedenen Ausgängen. Da ich schon öfter zu Besuch war kannte ich den Weg und machte mich Zielgerichtet auf, um zur nächsten Station zu kommen.

Welchen Zweck die Stationen erfüllen sage ich euch später.

Am Ende der Dunkelheit erstreckt sich ein riesiger über- und unterirdischer Bahnhof. Auf der Anzeigentafel kann ich lesen:

SASCHA IHLE untere Etage Gleis 3 (Abfahrt in wenigen Erkenntnissen)

Mein Ziel ist es, mich in diesen Ebenen besser zurechtzufinden.

Gedacht. Getan. Auf dem Weg zu Gleis 3 kann ich andere Seelen dabei beobachten, wie sie scheinbar nur hier warten, um zu Warten.

Keiner sieht so aus als wüsste er wo genau er hin müsse.

Gleis 3

Hier bin ich richtig. Die Bahn ähnelt der in meinem Heimatdorf.

Ich steige ein und setze mich. Vorne an der Tafel werden verschiedene Haltestellen angezeigt. Traumschlösser Ebene.

Da muss ich raus. Diesen Weg habe ich das letzte mal auch genommen.

Ausstieg im grünen. Mitten auf einer knall grünen Wiese. Grün soweit das Auge reicht. Durchzogen mit Sandfarbenen Wegen und leichten Hügeln. Jeder Hügel hatte sein eigenes Traumschloss und viele Wege gingen von meinem eigentlichen Weg ab. So viele Möglichkeiten und prunkvolle Bauwerke, die einen leicht in ihren Bann ziehen.

Am Horizont erkenne ich mein Ziel. Es ist ein riesiger Anubis, der vor einer Pyramide den Eingang bewacht. Ich steuere ihn an und just in dem Moment stehe ich direkt vor ihm.

Er ist Riesig und Respekteinflößend. Ich grinse und nicke ihm zu. Anubis tritt zur Seite und zeigte mir 2 mögliche Tore in die tieferen Ebenen.

Das Rechte hab ich mir das letzte mal angeschaut. Dieses mal möchte ich den linken Pfad erkunden, oh mächtiger Schakal, erlaube mir durch das Portal zu schreiten. Anubis trat zur Seite und lies mich passieren.

Anubis überragt alles. Neugierig mache ich mich auf den Weg und trete ein, in die Pyramide des Anubis....

Im Inneren waren die Wände aus rechteckigen, sandfarbenen Stein und der Schacht führte mich zu einem weiterem Portal. Vor dem Portal baute sich eine riesige, schwarze, feuer spuckende Königskobra auf.

Ich grüße dich UTO. Wächter des Portals. Mein alter Freund.

UTO und ich kennen uns schon lange. Damals in meinen schlimmsten Zeiten, wollte ich unbedingt wissen wie sich das Gift der Schlange in meinem Körper anfühlt. Eines Nachts lag ich wach in meinem Bett und vernahm eine Stimme, die mir das Blut in den Adern gefrieren lies.

Eine riesige schwarze Schlange wand sich um meinen Körper und biss mir sanft in die Schulter, mit den Worten: „ Ich weis genau wie viel Gift gut für dich ist !"

In diesem Moment überkam mich Panik und plötzlich hatte ich zwei Hackebeile in den Händen und befreite mich. Seit dieser Nacht hat sich ein Teil meines Bartes in weißes Haar gewandelt … nicht das letzte mal, wie ich

Heute weis.
Es dauerte einige Jahre bis Schlange und ich
uns wieder aussöhnten.
Weiter in meiner Reise.

UTO nahm mich auf seinen Rücken und
brachte mich zur nächsten Ebene.
Man könnte es beschreiben wie eine Röhre aus
knisternder Energie. Blau – Weis – Knisternd.
Reitend auf einer riesigen, Feuer speienden
Königskobra. (Wenn man das so liest, könnte
man denken : Alter nimm weniger, du hast viel
zu viel genommen, viel zu viel. Meine Reisen
nehme ich ernst und hab Spaß dabei und das
ohne Mittelchen.)
Danke Wolf – Danke Hirsch – Danke Panther
– Danke Wildschwein
Danke Petrus – Danke Odin – Danke Thor

Dort erwartete mich meine Göttin bereits.
NEITH lautet ihr Name (Die, die Wege öffnet,
Schicksals Göttin)

„ICH BIN ALLES – WAS WAR – WAS IST –
WAS SEIN WIRD -
KEIN STERBLICHER IST JE DAZU FÄHIG
GEWESEN – DEN SCHLEIER ZU LÜFTEN
– DER MICH VERHÜLLT !!!"

Sie nahm mich bei der Hand und führte mich herum. Um uns herum Wüste und Sand. Kleinere Häuser und Pyramiden. Alles war mit Schriftzeichen versehen. Wir gingen in eine der größeren Pyramiden.

In dieser Pyramide befanden sich die Bilder meines Lebens. Unverblümt. Ungeschnitten und in der Rohfassung. Alles wird dir gezeigt, in Bildern und Filmsequenzen. Und ich mein wirklich alles alles. Auch die Dinge in kleinen Kämmerlein, verdunkelten Räumen, aus Kellern und wo immer man Dinge tut die keiner mitbekommen darf. Beim ersten mal wenn man so was sieht... voll gruselig. Man kann dadurch eine Erkenntnis erlangen die nicht ohne ist. (Falls du ein dreckiges Grinsen spürst bei diesen Sätzen … Ja und man bekommt noch mehr weiße Haare.)

Alles wird gezeigt. Dort gibt es auch einen Raum der unerledigten Dinge.

Da wird einem gezeigt, was man sich zu Lebzeiten vorgenommen hat und die einen belasten würden, wenn man das Zeitliche segnet und diese unerledigt blieben. So bekommt man die Möglichkeit alles im Leben zu erleben was man möchte, was das Herz möchte. Um in der letzten Stunde seines

Lebens nicht zu merken, ja hoppla, das will ich doch noch erledigen, bevor ich gehe um mir die Radieschen von unten anzusehen.

Dieses unerledigte hindert uns daran unseren Weg zu gehen und vor lauter Angst bleiben viele in unserer Ebene zurück.

Ein wirklich sehr hilfreicher Raum.

Danach zeigte mir NEITH ihre Lebenspyramide.

Im Anschluss gingen wir zur Pyramide von Herz & Feder.

Im inneren könnt ihr euch einen Steinpfad oder eine große Steinbrücke vorstellen, die zu einem weiterem Portalwächter führt. Dieser steht vor einer riesigen Balkenwaage die in ein weißes Licht getaucht ist. Drum herum ist es schwarz, blau und die Sterne sind zu sehen.

Ich durfte mit ansehen, wie Seelen dem Richter ihr Herz gaben und dieser es mit einer großen weißen Feder aufwog.

War das Herz schwerer als die Feder, kam man in eine Zwischenwelt, um weitere Erkenntnisse zu erlangen. Zu erkennen, was das Herz ausmacht.

War das Herz ausgewogen und mit der Feder gleich auf, durfte man auf die nächste Ebene vorrücken.

Wäre das Herz leichter als die Feder, dürfte

man sogar eine Ebene überspringen, konnte ich in Erfahrung bringen.

Die Feder ist die Feder der Leichtlebigkeit ! Mein Herz wurde gewogen und es zog mich in ein gleißendes Licht in die nächste Ebene.

Wir fanden uns in einer mittelalterlichen Welt wieder, die man sicherlich in dem ein oder anderen Rollenspiel wiederfinden würde.

Dort befanden sich viele suchende Seelen, die sich Gedanken machten über ihren weiteren Weg.

Es gab hier jede Menge ... sagen wir mal Gildenhäuser, ja des passt ganz gut. An jedem Haus war ein Schild, das vermuten lies, was man hier erlernen konnte.

Auf einem Schild war ein Mensch mit einem Buch abgebildet. Hier konnte man sich zu einem geistigen Führer Ausbilden lassen. Auf einem anderen Schild war ein Tier zu sehen. Hier konnte man als Tier und späteres Krafttier Ausgebildet werden. Wieder ein anderes Schild zeigte einen Baum. Wieder ein anderes zeigte eine Blume. Und so fand man Schild um Schild und jede Menge Möglichkeiten, was man alles erreichen und werden kann.

Huch, sooooo viele Wege. Das muss gut überlegt werden. Als ich mit einigen Seelen sprach, stellte ich schnell fest, diese

Entscheidung kann einige Zeit in Anspruch nehmen.

Mensch, Tier, Pflanze, Baum, Lehrer, Krafttier, usw., usw.

NEITH und ich fanden uns plötzlich in einem Streitwagen wieder. Der Göttervater ODIN und der Gott des Donners THOR gesellten sich zu uns, ebenfalls in einem Streitwagen.

Hier konnten wir vier uns nach Herzenslust austoben.

Diese Ebene nennt sich der Pfad des Kriegers. Hier werden Willenskraft und die zerstörerische Seite in einem geprüft.

Wir preschten durch die Ebene und schalteten ein Hindernis nach dem anderen aus. Pfeile; Blitze; Speere; Feuerbälle; Äxte; Und vieles mehr flog durch die Lüfte, gemeinsam mit schallendem Gelächter und purer Lebensfreude.

Glücklich und Zufrieden erreichten wir die nächste Ebene.

Ein riesiges Wikinger Gelage. Hier wurde gefeiert, getrunken, gelacht, gegessen, sich amüsiert und man konnte vielen Geschichten lauschen und auch selbst welche zum Besten geben.

Hier wird das Ego und die Selbstliebe geprüft. Willkommen in Walhall.

Ein mehrstöckiges Gebäude mit vielen Türen zu anderen Inkarnationen. Man konnte sich immer wieder seine größten Erfolge ansehen, um diese nicht zu vergessen.....aha. Alles klar! Die wenigsten kommen von hier weg.

Wir blieben eine Weile und es fühlte sich an wie ein riesiges Festival, welches nie endete. Alles war in Hülle und Fülle da. Essen, soweit das Auge reicht und Getränke mit denen man ganze Meere füllen könnte. Es waren jede Menge interessanter und erstaunlicher Individuen Anwesend und die Geschichten gingen niemals aus. Auch hier habe ich das Gefühl, das es nicht leicht werden würde, die nächste Ebene zu erreichen. Nun ja, das soll mich jetzt nicht kümmern. Oder vielleicht kann ich zu Lebzeiten diese Hürden schon in Angriff nehmen. (Zur Info...auch jetzt hab ich ein breites Grinsen auf den Lippen!)

Gemeinsam mit NEITH – ODIN – THOR mache ich mich auf den Weg zur nächsten Ebene.

Diese überflogen wir kurz. Es gab viele ausschweifende Orgien. Also weiter … bevor wir hier hängen bleiben … was menschlich wäre ;)

Der Vorhof des Götterberges.

Hier beginnt das Reich der Götter. Alle sind

sie da. Götter aus allen Kulturen und Zeiten. Es liegt am Fuße eines gewaltigen Berges, dessen Gipfel in den Wolken liegt. Hier gibt es viele Portale und Spiegel, worauf man unterschiedliche Menschen sah bei ihrem Tageswerk. Das ganze kam mir vor wie eine riesige Realityshow. Die verschiedenen Gottheiten sahen ihren Schützlingen zu und entschieden sich entweder sie sich ihrer anzunehmen oder es blieb beim zuschauen bis man das Interesse verlor.

Ein reges treiben und viele Diskussionen konnte ich wahrnehmen.

Die nächste Ebene war auf dem Gipfel des Götter Berges. Über den Wolken und über allen Dingen die waren, sind und sein werden. Es war sehr wolkig und das Mobiliar war entweder goldig oder aus Wolken.

Hier wurde das Leben gefeiert und es herrschte eine ausgelassene Stimmung. Ab und an öffneten sich Portale und Götter gingen oder kamen von ihren Schützlingen. Ein reges treiben. Tolle Gespräche. Einzigartige Entitäten. Wundervolle Wesen. Wir hatten Spaß.

Ich bedankte mich und zog mich zurück um eine Pause einzulegen. Ich nahm den gleichen Weg den ich gekommen war. Es war Zeit zu mir zu kommen. Ein Eiskaffee mit Sahne und eine selbstgedrehte Zigarette zu genießen. In unserer Ebene.

Nach dem auftanken machte ich mich wieder auf den Weg ins Jenseits, um meine Reise fortzusetzen.

Die Reise zum Götter Berg ging rasch. Da ich den Weg schon mal gegangen bin. Oben angekommen fragte ich meine Göttin NEITH: Gibt es noch weitere Ebenen oder ist diese hier die Höchste ?"

Es gibt noch eine weitere Ebene und selbst die Götter fürchten sich davor. Es ist die letzte Existenzebene, die letzte Stufe der Entwicklung.

„Kann ich es mir mal ansehen?"

„Bist du dir da sicher?"

Ich atmete tief ein und aus.... „Ja."

„Nun gut, ich werde dich geleiten. Diese Ebene birgt große Gefahr und ohne die entsprechenden Vorkehrungen wird es uns unmöglich sein wieder zurück zu kehren."

Ein mulmiges Gefühl machte sich in meiner Magengrube breit.

„Na gut. Ich bin bereit."

Dies ist der Anfang und das Ende von allem.

„Nun gut, ich stehe dir zur Seite." NEITH sah mich merkwürdig an.

Wir begannen mit unseren Vorbereitungen.
Wir beide gaben etwas persönliches in der
vorletzten Ebene ab und bekamen dafür zwei
goldene Münzen. NEITH sah mich
eindringlich an und sagte mir, dass mein
Leben davon abhinge, diese Münze zu
bewahren.
Vor uns war ein großer, wabernder Spiegel.
Das letzte Portal.
Wir atmeten tief durch, nahmen uns an der
Hand und schritten gemeinsam durch das
Portal. Alles verschwamm und wir fanden uns
mitten im Universum wieder. Sterne. Lila &
Blau Töne und alles strahlte Ruhe aus. Es war
wunderschön anzusehen. Eine sanfte Stimme
erklärte mir, was es mit dieser Ebene auf sich
hat.
Das Ende und der Anfang. Die Vereinigung
mit dem großen Geist. Man ist alles und gibt
seine Persönlichkeit auf. Ich konnte fühlen wie
es ist, ein Teil von allem zu sein. Ein schönes
Gefühl.
Nach einer Weile spürte ich, wie sich meine
Seele zu zersetzten begann.
Ich schaute auf meine Hand und sah, wie ich
mich aufzulösen drohte.
Meine Göttin erkannte die Gefahr und packte
mich. Schnellstmöglich brachte mich NEITH

zum Portal Wächter. Die Goldmünzen waren der Wegzoll für den Wächter der letzten Schwelle. Ohne diese wäre uns der Weg zurück verwehrt worden und der Hüter hätte uns nicht durch gelassen. Dank der Vorbereitungen blieb es uns erspart, vorzeitig hier zu enden.

In der vorletzten Ebene wurden wir bereits voller Sorge von den anderen Göttern erwartet. Sie halfen uns und setzen NEITH und mich in zwei goldene Stühle mit rotem Samt. Unsere zuvor abgegebenen Gegenstände wurden an uns gedrückt, um uns unserer Herkunft wieder Bewusst zu werden. Alle machten sich sofort an unsere Stärkung und Heilung. Mir wurden zwei Tränke gereicht und Engel kamen mit verlorenen Teilen meiner Seele, die wieder in mich integriert wurden. Seelensplitter die ihre Strafe absaßen wurden mir eingepflanzt. Ich fühlte mich schwach und verletzlich. Das Band das meine Seele und meinen Körper verband, war kaum noch zu spüren. Ich war hilflos und der Gnade der Götter ausgeliefert. Ich war gestorben. Und meiner Göttin ging es nicht besser.

Was habe ich getan, schoss mir durch den Kopf. Sie lächelte mich an und sagte: "Alles wird gut, würde ich nicht an dich glauben wäre ich nie mit dir bis zum Ende aller Dinge gegangen. Dieses gemeinsame Erlebnis wird uns einen. Geh und tanke neue Kraft."

ODIN brachte mich zurück zu Wolf und beide brachten meine Seele zurück in meinen Körper.

Diese Nacht war eine meiner schlimmsten. Viele Biochemische Prozesse fanden gleichzeitig in meinem Körper statt. Ich hatte Angst. Immer wenn ich die Augen schloss, fand ich mich in der letzten Ebene wieder und meine Seele begann sich aufzulösen. Dieses Spielchen zusammen mit einer Achterbahn an Gefühlen, hielten mich einige Stunden auf Trab. Bis zu dem Moment als ich erkannte, was mit mir geschehen war. Nun da ein Teil meiner Seele absorbiert wurde vom großen Geist, war mein Zugang zu ihm um ein vielfaches intensiver. In der nächsten Zeit lernte ich spielerisch damit umzugehen. Damit zu Leben. Ich sah Dinge, die gleichzeitig entstanden und vergingen (Bilder vergangener Leben zogen an mir vorbei, alles gleichzeitig. Draußen sah ich wie Bäume wuchsen, da waren und vergingen. Häuser die aufgebaut wurden, entstanden … ich konnte durch die Zeit selbst sehen !!!) Ich begann zu begreifen und konnte nun mit dem großen Geist arbeiten

… und ganz viel Staunen ;)

Das war eine meiner intensiveren Reisen und so schnell zieht es mich nicht mehr zur letzten Ebene der Existenz.
Ach ja! Eine Woche zuvor sagte eine Stimme zu mir, "in einer Woche wirst du sterben!"
Wie recht sie doch hatte. Einmal mehr bin ich durch die Gnade der Götter zurück zum Leben gekommen. !!! DANKE !!!
DANKE ! DANKE ! DANKE !

Ich mach euch noch einen kleinen Zusammenschnitt.

Es sind bei meinem Weg im Jenseits 13 Ebenen zu erreichen.

Ebene - Thema

1. Das Höhlen Labyrinth – die Ängste überwinden
2. Der Bahnhof – Übergang/Wartezone (andere Seelen die den Weg suchen)
3. Traumschlösser Ebene mit Grünfläche – eine Möglichkeit zur Erkenntnis über Besitzt & Habe/Wünsche & Träume
4. Anubis Reich – 1 Tunnel, zur Hütte als Lehrer, 2 Tunnel zu UTO
5. Die Pyramide der Wahrheit – das Leben wird ungefiltert angeschaut, die Überwindung von Scham und Eitelkeit
5a. Die Kammer der unerledigten Dinge (Was deine Seele im Tod auf der Erde ankettet!)
6. Die Pyramide von Herz & Feder – Prüfung-eine Waage - ein Herz- eine Feder der Leichtlebigkeit – es wird geprüft wie rein dein Herz ist und was dich bindet – ist es schwerer, kommt man in eine tiefere Ebene um zu erkennen was das Herz ausmacht – ist es ausgewogen, darfst du weiter zur nächsten Ebene. Ist es leichter (was seltener vorkommt) darfst du eine Ebene überspringen

7. Die Qual der Wahl – eine Ebene um sich NEU zu Orientieren – Götter des großen Baumes, großen Tieres, großen Pflanze, …... bilden dich in deinem neuen Lebensweg aus und lehren dich ihr Geheimes Wissen – Entscheidungsfindung – weißt du was du willst ? Oder – Oder

8. Der Pfad des Kriegers – hier wird die Willenskraft geprüft und die zerstörerische Seite

9. Walhall – Prüfung von Ego & Selbstliebe – viele Türen zu alten Inkarnationen – die Wenigsten kommen von dort weg

10. Die Ebene der Wollust & niederen Triebe! - Nur wer das Wohl anderer über das Eigene stellt, wird die nächste Ebene erreichen !!! Die Dienende Rolle

11. Der Vorhof des Götter Berges – hier wird gefeiert und die Götter beobachten die Menschen um ihren Schützling auszuwählen

12. Der Götter Berg – hier wird gefeiert und der Zugang zum großen Geist bewacht !!! - Hier schalten und walten alle Götter!

13. !!! Die letzte Ebene !!! - die Persönlichkeit und das ICH werden eins mit dem großen Geist – Anfang/Ende – Ursprung - Alles / Nichts - **!!! LETZTE ENTWICKLUNGSSTUFE !!!**

Ich gehe einen ganz bestimmten Weg, gemeinsam mit den großen Göttern und Geistern. Seit diesem Erlebnis wurden wir zu einer größer und größer werdenden Familie. Darauf bin ich stolz.

Mein Weg, der eigenen Seele, nach dem irdischen Tod
(fünf Jahre zuvor) „1"

Gemeinsam mit einer Gruppe machten wir uns auf den Weg, um unseren Pfad ins Jenseits zu erkunden. Dies sollte ein wichtiger Bestandteil meiner Ausbildung werden....
Eine Reise ins Jenseits, mit der Frage. „Wo geht meine Seele hin, wenn ich sterbe?"
Bär und Königs Kobra brachten mich zur Schwelle. Ein schwarzes Loch, mitten im Wald. Gut gelaunt sprang ich ins Ungewisse. Am Ende des Tunnels sah ich einen Bahnhof. Eine Station über und eine unter der Erde. Auf den Anzeigetafeln erschienen Namen. Ich suchte meinen Namen. Sascha Ihle. Okay, da muss ich einsteigen. Die Bahn war gelblich mit einem roten Streifen. Gesagt getan. Schon war ich im Abteil und fuhr bis zu einer Haltestelle, wo mein Name laut ausgerufen wurde. Als ich ausstieg, stand ich auf einer grünen Wiese und weit am Horizont konnte ich einen großen Sarkophag erkennen. Das muss wohl mein Ziel sein. Als ich daran dachte mich auf den Weg zu machen, stand ich auch schon direkt davor. Der Sarkophag war

aus Gold mit blauer, roter und schwarzer
Bemalung. Drinnen befand sich ein riesiger
Torwächter. ANUBIS!

Seine beiden Füße gaben 2 Wege preis und ich
durfte einen davon wählen.

Beide hatten das Symbol der Kobra darüber
eingemeißelt und waren absolut identisch.

Dachs seine Worte kamen mir in den Sinn.

Kennst du den Weg nicht dann immer der Nase
nach !!!

Der rechte Eingang roch besser. Luftiger.
Irgendwie einladender. Mit einem lächeln trat
ich ein.

Plötzlich befand ich mich im NICHTS. Ich
flog in die Richtung die ich für vorne hielt.
Dinge flogen um mich herum. Klischeehafte
Dinge wie Uhren, Sanduhren, Autos, Geld,
Gold und jede Menge materialistischer Dinge.
Sachen, die hier keinerlei Wert haben. Ein
Schlüsselloch ohne Tür. Dann Sterne. Jede
Menge Sterne. Dann erschien eine Tür.
Schlicht, braun, aus Holz mit Messing Klinke.
Da schau ich rein. Als ich die Tür öffnete,
befand ich mich plötzlich mitten auf einer
Wiese. ANUBIS erwartete mich bereits. Welch
große Ehre. ANUBIS brachte mich zu einem
Häuschen. Meinem Häuschen! Es war von
innen viel größer als von außen. Von Außen

konnte ich die Erscheinungsform beliebig ändern. Drinnen führte mich ANUBIS herum und erklärte mir:

„Das hier ist dein Platz. Hier darfst du nach deinem ableben walten und schalten, wie es dir beliebt. Du kannst die Lebenden beobachten und dir deine Schützlinge auswählen. Von hier aus kannst du deine Liebsten unterstützen und ihnen Hilfe zuteil werden lassen. Krasser Scheiß!!!

Ich war zu tränen gerührt. Was hatte die geistige Welt mit mir vor?

Nur eine vage Ahnung von dem was kommt kam über mich wie ein Schauer. Wir unterhielten uns über die Möglichkeiten. Dann vernahm ich das Rückhohlsignal und wie ich kam, so ging ich zurück. Den gleichen Weg bis zu Bär & Kobra, die mich zu meinem Körper brachten.

Diese Reise gab mir Hoffnung und Freude auf die Zukunft.

Das war neu für mich. Eine Zukunft.... okay, na dann mal los.

Das erste mal seit langem hatte ich etwas auf das ich mich freuen konnte.

Wenn ich alles richtig mache, konnte ich zum geistigen Führer aufsteigen.

Mit diesem Ziel vor Augen stieg ich auf mein Pferd und ritt los. Richtung Zukunft in den Sonnenuntergang !!!

Das richtige Gift zur rechten Zeit (Purpur Digitalis)

Eines Tages im Sommer trug es sich zu, dass sich alle Muskeln in meinem Körper verhärteten. Ich saß mit einer lustigen Truppe im Park und wir feierten das Feiern. Meine Muskeln der Beine und Arme verhärteten sich und ich spürte wie es sich in meinem Körper ausbreitete. Immer weiter Richtung Herz. Ein Gedanke schoss durch meinen Kopf. Das Herz ist ein Muskel ... Scheiße ... was mach ich den jetzt.
Meine Augen schweiften durch den Park und blieben auf dem Fingerhut kleben. Es war als

würde mich diese Pflanze rufen.
Ohne zu denken folgte ich ihrem
Ruf. Ich kroch zum Fingerhut. Es
war als wolle sie mir sagen: „Iss
mich!"

Na gut, dachte ich mir und biss die
Spitze ab, zerkaute sie gut und
spuckte den Rest aus. In meinem
Körper konnte ich fühlen, wie sie
sich in mir an die Arbeit machte.
Das vorhandene Gift wurde
neutralisiert und meine Muskeln
entspannten sich wieder.

An diesem Tag rettete mich der
Geist des Fingerhuts und schenkte
mir Leben.

Seit diesem Tag begleitet mich der
Geist des Fingerhuts in meinem
Leben und wir hatten viel Spaß
und Erkenntnisreiche Erlebnisse.

Ich dachte mir schon seit ich ein

kleines Würmchen war, das kann
doch nicht alles sein. Die
Menschen reden und tun so schlau.
Doch warum sehen sie nicht das
was ich sehen kann. Die Schönheit
die uns umgibt, das wahre Leben.
Immer wieder wurde ich auf die
Probe gestellt und hab Dinge
erlebt.....

Die Königskerze
(Was sucht der Elefant auf meiner Brust ?)

Seit meiner Kindheit hatte ich
Probleme mit meiner Lunge und
den Atemwegen. Durch
Schichtarbeit und unzureichende
Genesungszeiten, hatte ich mir
eine schwere Lungenentzündung
herangezüchtet.
Über fünf Jahre behandelten
mich verschiedene Ärzte. Eines
hatten sie alle gemeinsam. Mir
wurden Antibiotika verschrieben.
Ist euch schon mal aufgefallen,
egal was man hat, du bekommst

Antibiotika dafür. Ich finde das Unlogisch. Da gibt es Bessere Mittel & Wege.

Nun möchte ich euch die Geschichte erzählen von dem Tag, als ich aufhörte, Tabletten zu schlucken und anfing auf meinen Körper und die Geister zu hören. Der Druck auf meiner Brust wurde immer größer und größer. Das Atmen wurde immer anstrengender, bis hin zu Aussetzern. Es war Nacht und ich bekam es mit der Angst zu tun. Panik. Nein keine Panik. Ich versuchte, so gut es ging tief durchzuatmen. Der Wind rief mich. Durch das offene Fenster konnte ich ihn hören. „Komm, ich bringe dich zu jemandem!"

Ok, dachte ich mir und folgte. Den Wind auf der Haut fühlend, ließ ich mich, wie ferngesteuert, führen.

Als wir zu einer Pflanze kamen, wurde es Windstill. Das bedeutete, wir waren an unserem Ziel angelangt.

Es war eine fast zwei Meter hohe Pflanze mit vielen gelben Blüten. Mir war sie bisher weder aufgefallen, noch kannte ich sie. „Liebe Pflanze, kannst du mir helfen?"

Der Wind zog auf und die Pflanze
schüttelte sich· Das heißt wohl
ja·
Gut· Wie kannst du mir helfen?
Gedanken schossen durch meinen
Kopf·
Finde heraus wer ich bin und für
was ich gut bin· Dann zeige ich
dir meine Magie· Gedacht getan·
Ich verabschiedete mich von ihr
und legte los·
Es stellte sich heraus das es die
Königskerze ist und sie forderte
nur mein Vertrauen· Mit meiner
damaligen Ärztin besprach ich
mein Vorhaben, mich mit der
Königskerze zu behandeln· Sie

stimmte zu mich alle zwei Wochen zu Untersuchen und so begann ich mit dem Pflanzengeist der Königskerze zu arbeiten. Aus den Blüten kochte ich jeden Tag eine Kanne Tee, den ich KALT, über den Tag verteilt, zu mir nahm. Das über drei Monate lang. Der Pflanzengeist gab seine Energie in die Blüten und ich wurde vollständig geheilt.

Das ist die Königskerze. Der zweite Pflanzengeist, der mir das Leben schenkte. Seit dem Tag ist sie an meiner Seite und wir haben viele Abenteuer erlebt. Noch viele weitere Pflanzen folgten und so lerne ich jedes Jahr neue Freunde kennen und schätzen. Eine Welt voller Staunen und Magie breitet sich vor mir aus und Dankbar tauche ich in sie ein·····

Kennen lernen von TOD als Entität
„Wieder etwas weißer"

Der personifizierte Tod hat viele Namen.
Sensenmann, Schnitter, Gevatter Tod, Grim Reaper, Anubis, Schlafes Bruder, Freund Hein, Tod, Knochenmann, Gevatter, Ewiger Schlaf, Väterchen

Im antiken Griechenland galt "**Thanatos**" (Zwillingsbruder von Hypnos, dem Gott des Schlafes) als Totengott.

Im Hinduismus und Buddhismus gibt es **Mara** und **Yama**.

In Mexiko, Kuba und anderen lateinamerikanischen Orten kennt man **Santa Muerte**.

Auch Odin kümmert sich um die Seinen (meist Gefallene auf dem Schlachtfeld) und bringt sie ins Totenreich (Wahlhall).

Im alten Ägypten kümmerte sich Neith um die ihren und brachte die Seelen die auf den Schlachtfelder starben, nach Hause zu Anubis, ebenso wachte sie über die Träumenden. Keltisch/bretonische Folklore kennt den "**Ankou**", welcher ähnlich wie unser Sensenmann als Bote des nahenden Todes gilt.

In der griechisch-römischen Mythologie brachte unter den Parzen besonders Atropos (bzw. *Morta*), die Älteste der drei Schicksalsgöttinnen den Menschen den Tod, indem sie ihnen den Lebensfaden durchschnitt (allerdings meist mit einer Schere, nicht mit einer Sichel). Die Sichel war hingegen ein Attribut des ursprünglich agrarischen Gottes Kronos-Saturnus. Nach seiner Vermengung mit Chronos wurde er auch zum Gott der Zeit und damit der Vergänglichkeit. Die explizite Verbindung zwischen Tod und Schnitter (einem Sensen tragenden Landarbeiter) wurde hingegen in der Bibel hergestellt, so im Gerichtswort des Propheten Jeremia über Juda.

In der japanischen Mythologie gilt die Göttin **Izanami** als Herrin des Totenreichs.

Shinigami gibt es in Japan auch, eine Art von Todesengel, diese entsprechen eher dem westlichen Sensenmann wie wir ihn kennen und sind noch nicht so lange Teil der japanischen Folklore.

Der Torwächter, Portal Hüter, Bewahrer der Anderswelt.

Eine Entität mit unzähligen Namen und Erscheinungsformen. Der Wächter der Toten.

Nur auserwählten Personen ist es bestimmt, ihn zu Lebzeiten näher kennen zu lernen.

Das erste mal als ich ihn bewusst aufgesucht habe war, als ich ein schamanisches Buch gelesen habe, in dem der Autor beschrieb, wie man ihn aufsucht.

Umso erstaunter war ich, als es auf Anhieb klappte und ich einem der mächtigsten Wesen auf einmal gegenüber stand. Scheiße, was mach ich jetzt. Ich wollte nicht Respektlos erscheinen und so stellte ich mich erstmals vor. Anfangs hatte ich einen Klos im Hals und wusste nicht so richtig mit der Situation umzugehen. Gevatter Tod lächelte und er begann mir zu erzählen, warum es auf Anhieb klappte und warum er sich mir zeigen wollte. „Wir kennen uns gut alter Freund, nicht nur aus diesem Leben. Ich entscheide ob eine Seele hier bleibt oder nochmals auf der Erde wandeln darf. Du bist etwas besonderes und dazu bestimmt, die verirrten Seelen nach Hause zu bringen, dadurch stehst du in meiner Gunst. Viele Seelen die hierher gehören finden den Weg nicht mehr, sie haben nie gelernt loszulassen und hängen in der

Welt der Lebenden fest. Du hast eine wichtige Aufgabe ... das Gleichgewicht von Leben und Tod ist aus den Fugen geraten.

Massenvernichtungswaffen, automatische Gewehre, Drohnen, Giftgas, Biochemische Waffen, es gibt mehr Todesarten als zum Beispiel: Brot zu Backen oder Sex zu haben !!!

Das schlimmste... Atomare Waffen. Damit hat die Menschheit den schlimmsten aller Feuerdämonen auf die Erde losgelassen.

Die Menschheit hat sich auf das Töten spezialisiert und ist stolz darauf. Viele der Seelen bekommen gar nicht mehr mit das sie gestorben sind. Im Vergleich zu früher... da wusste man noch wann seine Zeit gekommen ist, man war vorbereitet und rief seine Gottheit um sich ins Jenseitige Reich bringen zu lassen. Heutzutage glauben die Wenigsten an die alten Götter, wieso sollten diese sich dann die Mühe machen und die verstorbenen Seelen begleiten.

Das alte Wissen wird gekonnt verdrängt und von den Menschen als unnötig abgetan. Dadurch entsteht ein Ungleichgewicht und der Ruf des Totenreichs wird immer lauter auf der Erde. Das Geräusch des Krieges änderte sich. Damals vernahm man das Geräusch von Stahl auf Stahl und es wurde abgelöst von dem monotonen stakato ratatatatatatatatatatatatatata. Binnen Sekunden konnten Hunderte Menschen niedergemäht und aus dem Leben gerissen werden!!!" Mein Herz blutet, wenn ich daran denke was den Lebenden angetan wird. Die Zahl der Toten auf der Erde wird immer größer und keine Gottheit kann eingreifen ohne darum gebeten zu werden.

„Sascha, bitte kümmere dich. Ich sehe in dein Herz und kann spüren das es dir sehr nahe geht. All die Seelen auf deiner Welt und Niemand der sich dafür verantwortlich fühlt ! Du bekommst alles was es dafür braucht um sie nach Hause zu bringen, bevor es zu spät ist !! Später wirst du alles begreifen, wenn es an der Zeit ist !!!"

Jeder hat seine Aufgabe. Eine meiner Aufgaben ist es die Toten nach Hause zu bringen und an bestimmten Tagen bringe ich die Verstorbenen mit den Lebenden zusammen damit Heilung entstehen kann.

Mein Herz hängt sehr an dieser Aufgabe.

Es gibt soooo viele Seelen und so wenig Personal !!!

Ich habe noch keinen getroffen dessen Herz eine solche Verbundenheit zu den Seelen verspürt, wie das meine. Es wird Zeit, dass das verlorene Wissen von Tod, Jenseits und den alten Göttern wieder den Weg zu den Lebenden findet. Meine Hoffnung ist es, dass dieses Buch viele erreicht und sie sich zu Lebzeiten damit auseinander setzen.

Tod und ich freundeten uns an und er bot mir seine mithilfe an, für meinen Weg, der immer mehr Gestalt annahm. Viele Ahnen, Götter und Tor Wächter begleiten mich in meinem Leben und langsam fange ich an zu begreifen warum das so ist.

Der kleine Tod
Pa-Pa-Pa-Paralyse
und sein Ursprung in unseren
Kinderträumen

Eines Tages begab es sich, dass ich gerade von einer anstrengenden Reise nach Hause kam und mich auf die Couch fallen ließ. Ich ging meinen Gedanken nach und muss wohl eingenickt sein. Vor mir stand auf einmal ein riesiger Schatten, der sich bei näherer Betrachtung als Kapuzenmann herausstellte. Er trug eine schwarze, lange Kutte aus zerfetztem Stoff, die Kapuze weit ins Gesicht gezogen. Unter seinem Mantel zog er ein Zweihandschwert hervor, das zu brennen begann. Ich war wie Paralysiert. Nein. Ich war komplett Paralysiert. Meine Gedanken rasten. Ich hab schon mal versucht ein Geistwesen mit einer Klinge zu verletzten, das klappt nicht. Also, wie sind meine Optionen ?
Kein Messer, kein Schwert, keine Waffe funktioniert hier. Faustkampf? Weg rennen? Überlege, überlege schneller! Die Angst trieb mich zu Höchstleistungen an.
!!! NUR KEINE PANIK !!!

Im Augenwinkel sah ich meinen Knochengehstock, den ich in einem indischen Laden bekam, als ich fragte ob er etwas für mich hätte, was hier auf mich wartete. Geil gell?! (War ein tolles Geschäft mit uralten Dingen die ich anfassen durfte und die mir ihre Geheimnisse anvertrauten.)

Mit dem könnte es gehen. Mit meiner ganzen Willensstärke gelang es mir, mich aus der Schockstarre zu befreien ... Langsam ... Millimeter für Millimeter ... Es gelang mir die Kontrolle über meinen Geist zurückzuerhalten. Ich griff nach dem seltenen Knochenstab und stellte mich dem Kampf mit dem Schnitter. Unsere Klingen trafen sich und ich konnte ihm in die tiefen Augenhöhlen sehen. Er lachte amüsiert und verschwand eben so schnell wie er gekommen war. Bestanden!

Das war das letzte mal, dass ich im Traum Paralysiert war. Dank dieser Willensprüfung bin ich in der Lage mein weiteres Schicksal selbst in die Hand zu nehmen. Konfrontiert mit dieser Situation, konnte ich ein uraltes Kindheitstrauma überwinden. Gevatter Tod half mir mein Leben wieder in die richtige Bahn zu lenken !!! Wieder Spaß zu haben am Leben.

Ich hab wohl die richtige Entscheidung

getroffen.

Den Ursprung dieser Paralyse habe ich in meinen Kinderträumen entdeckt. Des Nachts plagten mich unbeschreibliche Schrecken, die mich aus meinen Gitterbettchen entführten und sich meiner Energie bedienten. Bis ins hohe Kindesalter kamen die nächtlichen Besucher zu mir. Diese Angst lähmte mich und als Kind war ich nicht in der Lage, meinen Peinigern auf Augenhöhe entgegen zu treten. Seit ich ein Baby war, hatte ich mit diesen nächtlichen Besuchen zu tun.

Das es Menschen gibt die so etwas einem unschuldigen Kind antun ist... schon traurig. Damals war es so ... Als ich spürte das die Fremden Wesen sich annäherten, zog ich mir einfach die Decke über den Kopf. Mein Herzschlag wurde immer lauter und nahm die Intensität von Buschtrommeln an. Ich blieb die ganze Zeit bei vollem Bewusstsein. Mit samt der Decke wurde ich davongetragen, in eine dunkle und düstere Umgebung. Ich konnte die einzelnen Wesen an ihrer Energie erkennen. Oft unterhielten sie sich nur und sprachen darüber, was sie mir alles antun wollten. Mir war klar, dass sie es auf pure Angst abgesehen haben. Babys und Kleinkinder können sich selten erklären, was sie zu leichten Opfern macht. Ich sah Klauen und Fratzen, Monster und Abscheulichkeiten, wenn sie die Decke wegzogen und meist verlor ich in diesem Moment mein Bewusstsein. Gefühlt kamen sie jede Nacht zu mir um zu speisen. Bis ich zu alt für ihren Geschmack war. Irgendwann. Wenn man immer zu hören bekommt ~ Das gibt es nicht. ~ Es ist nur ein böser Traum. ~ Das ist nicht Echt. ~ Ja, dann beginnt man es zu verdrängen. Man flüchtet sich durch Ablenkung in eine Art Schockzustand, der die ganze Aufmerksamkeit auf eine bestimmte Sache lenkte. Man erschuf sich eine Art von Schutzhülle aus purer Ignoranz. So wie es unsere Eltern uns lehrten. Doch konnten sie nicht wissen was sie da tun, den bei Ihnen war es das gleiche. So bekommt man gezeigt, wie man mit diesen Situationen umgeht.

Tja, mit meiner Erfahrung und den Zugang zum Unterbewussten, weiß ich es heute besser. Hört den Kindern gut zu und lernt von ihnen, sie haben ihre Fähigkeiten noch nicht talentiert Ignoriert.

Würfel, Stift, Papier, was will das den hier ?

Nach einer sechzehn stündigen Reise von Berlin in meine Heimat im Schwarzwald, begab es sich zu folgendem Ereignis.
Geschafft von der langen Reise warf ich meine Sachen achtlos zu Boden und warf mich kraftlos auf mein Bett.
Das seltsame daran war ... ich fiel geradewegs hindurch und knallte auf den Boden. Ich befand mich unter dem Bett. In meiner Hand, einen gelben Bleistift, eine Handvoll Würfel und ein Schreibblock. Bevor ich grübeln konnte, was es mit den Sachen in meinen Händen auf sich hat,

bemerkte ich eine, in einem schwarzen Umhang gekleidete Person, die flatternd durch mein Zimmer flog und irgendetwas zu suchen schien. Ich beobachtete sein treiben. Das Wesen suchte irgendwas.

Hm, was kann ich tun? Welches Werkzeug habe ich zur Hand. Gelber Bleistift, Wirkung gegen einen Geist gleich Null.

Ein Block, Einsatzmöglichkeit gegen Geister gleich Null.

Handvoll Würfel, Wirkung gegen Geister gleich Null, jedoch im Rollenspiel unverzichtbar. Würfel haben mir schon öfter geholfen.

Ich sah, dass sich dieses Geistwesen in die nähere Umgebung aufmachen wollte, hin zu meiner Familie. Ohne groß nachzudenken warf ich die Würfel in eine Ecke des Zimmers um in diesem Ablenkungsmoment unter den antiken Tisch mit der Marmorplatte zu kriechen. Mein damaliger Altar.

In diesem Augenblick war mir so was von klar was gleich geschehen würde. Gleich greift etwas nach mir von über dem Tisch. Und in dem Moment kam eine Knochenfratze in mein Blickfeld und hieb nach mir mit ihren knöchernen Fingern. Wie eine fauchende Katze hörte sich das an.

Spontan tat ich das erste was mir einfiel.....

Ich griff nach der Nase des

Knochenschädels und sagte: „Ich hab deine Nase !!!"

Das Wesen war so was von verwirrt, dass es sich mit einem Plopp auflöste und war nicht mehr gesehen.

In dem Augenblick kam ich wieder zu mir, lag in meinem Bett und lachte aus vollem Herzen. Tja, dieses mal habe ich den Spieß wohl umgedreht. Ich begann nachzuforschen, wer dieses Wesen war.

An dem Abend als ich nach Hause kam, verstarb eine gute Freundin von mir an Krebs und Lebensaufgabe. Sie dachte sich, hm, da schau ich mal vorbei und jage ihm einen gehörigen Schrecken ein. Sie konnte ja nicht ahnen was ich so in meiner Freizeit anstelle und erforsche. Das Wesen war meine verstorbene Freundin Natalie. Noch öfter erschien sie mir im Traum, bis ich begriff, dass sie Hilfe suchte und nicht wusste an wen sie sich sonst halten sollte. Ihre Seele war erdgebunden. Mit schweren Ketten wurde sie gewaltsam an Lebende gekettet. 3 sogenannte „Freunde" und ihr Vater. Durch einen der aktiv Seelenenergie für seine Zwecke abzweigte und die Anderen, die sie nicht zu ihrer, erst kürzlich Verstorbenen Mutter lassen wollten. In meinen Träumen wurde sie wie Rapunzel im Turm gefangen gehalten. Mit einer Freundin und fähigen

Schamanin machte ich mich auf, um ihrer Seele zu helfen. Sie startete einen Ablenkungsmoment. In dieser Zeit konnte ich, dank meiner Geister und Götter, die Fesseln sprengen und die Seele direkt zu ihrer Mutter bringen. Die Beiden waren endlich wieder zusammen. Ich konnte ihre Familie zusammen bringen und das ist mir sehr wichtig. Das die, die vor uns waren, mit dem nötigen Respekt behandelt werden.

Zum Dank bekam ich von Natalie ihr Krafttier, ein Einhorn, zur Seite gestellt.

Am Anfang konnte ich nicht so richtig was damit anfangen. Doch als ich mich einließ, auf das was es mich lehren wollte. Es war magisch. In dem Moment als es seine Flügel zum ersten mal ausbreitete ... der Wahnsinn !

Das waren jetzt 2 ähnlich aussehende Geistwesen und doch hätten sie verschiedener nicht sein können. Also sollte man auch einen Geist nicht nach seinem Aussehen bewerten und ihn in eine Schublade stecken. Durch meine Neugier und Ausdauer konnte ich jede Begegnung richtig einordnen und einer Seele helfen. Nach Hause zu kommen, zu ihrer Familie....

Wie wäre deine Reaktion in solchen extrem Situationen? Entflammt dein Herz oder gefriert dein ganzer Körper? Blickst du über den Tellerrand oder ertrinkst du in der Suppe? Eine meiner Gaben ist es, sich in einem Bruchteil einer Sekunde an eine neue Situation anzupassen. Die letzte Entscheidungsgewalt hat das Herz.

Mit dem ersten Herzschlag entsteht das Leben und beim letzten Herzschlag endet es. Da unser Herz so eine Wichtige Rolle spielt, wieso beziehen wir es nicht in all unseren Entscheidungen mit ein?

Mir hat es sehr geholfen. Danke an unser Herz, dass doch nur gehört werden möchte.

Eine kleine Auswahl vorheriger Leben

Zum Tod gehören ja auch irgendwie unsere früheren Leben, finde ich.

Erinnerungen unserer Seele an längst vergessene Zeiten !!!
Hier möchte ich euch von einigen meiner Inkarnationen erzählen.
Ohne Jahreszahlangaben. Nur das Leben das einst war.

Die Magd

Meine Seele erinnert sich gut...
Es war eine einfache Zeit, fernab
von Technik und Bildung. Geboren
wurde ich in einem kleinen
Bauernhaus auf dem Land. Das
Leben war hart und
schweißtreibend. Doch war es
glücklich und behütet. Wir
kümmerten uns um das Land und
ein paar Tiere, gerade genug zum
Leben. 17 Jahre lang war alles gut
so wie es war. Dann, eines Tages,
kamen Männer, fünf an der Zahl.
Mein Vater erkannte ihren Blick
und schickte mich fort in den
Wald, in dem ich mich verstecken
sollte. Die Männer bekamen es mit
und machten jagt auf mich.
Langsam kesselten sie mich ein.

Sie rissen mir die Kleider vom Laib und schändeten meinen Körper bis zum Tode.
Ein kurzes Leben...
Diese Seele hatte den Weg ins Jenseits noch nicht angetreten. So konnte ich, nachdem ich ihren Schmerz durchlebte, ihre Seele ins Jenseits bringen und ihr ewiges Theaterstück auflösen.

Kristallwelt

Ich erwache in einer hellen, kristallenen Welt. Vor mir findet eine Geburt statt. Ohne Blut und ohne Schmerz. Es taucht in einem hellen Licht auf dem Arm der Mutter auf. Ich sehe wie das Kind wächst und wie es den Platz des Weisesten einnimmt. Am Ende eines Lebens, verwandelt sich der Körper in helles Licht und kehrt nach Hause, zum Herz des Planeten. Ein herzförmiger, roter Kristall, der aus der Mitte des Planeten auftauchte und die Seele in sich aufnahm. Ein schönes und schmerzfreies Leben, voller Weisheit und Güte. Eines Tages kollidierte ein Komet mit diesem Planeten.

Der Kristallplanet zerbarst in aber Millionen kleinerer Splitter. Die Seelen der Menschen gingen in den Herzkristall, der das Einzige war, was den Einschlag heil überstand. Er flog durchs All bis er eines Tages in einen Ozean stürzte.

Des Königs erster Ritter (WUFF)

In mehr als nur einem Leben vor meinem jetzigen, war ich auf den Schlachtfeldern dieser Erde unterwegs. Viele meiner damaligen treuen Gefährten habe ich auch schon im aktuellen Leben kennengelernt.
Eine göttliche Fügung, für die ich sehr Dankbar bin. So kann sich die Seele erinnern und es können sehr alte Wunden und Streitigkeiten geheilt und aus der Welt geschafft werden. Damit kann man zu Lebzeiten so viel wie Möglich an sich arbeiten und sich spirituell entwickeln.

Mein Schwert war getränkt von dem Blut meiner Feinde. Alles um mich herum ist wie in Honig getaucht. Langsam komme ich wieder zu Bewusstsein. Ich war wie im Rausch.

Im Blutrausch. Alles was sich mir entgegenstellte wurde zerstört. Mein Gehör kam zurück. Wimmern, stöhnen, gurgeln. Schmerzensschreie, Leid. Um mich herum ein Bild der Verwüstung. Körperteile, Gedärme, Leichen und verstümmelte Kadaver.

Zum Hören und Sehen kam jetzt noch das Fühlen hinzu. Ich konnte ihren Schmerz und ihr Leid spüren, als wäre es mein eigenes. Doch damit nicht genug. Der Schmerz ging viel tiefer. Ich konnte den Schmerz der Eltern spüren. Den der Ehefrauen, Geliebten und der Kinder. Doch nicht genug, der Schmerz ging noch viel tiefer. So konnte ich sehen wie die Kinder Kinder bekamen und diesen Schmerz weitergaben. Und weiter und weiter.

Ich sah meine noch bevorstehenden Leben und ihre Qualvollen ableben, durch die Hand meiner Opfer, die durch mich zum Täter wurden.

All dieser Schmerz und dieses

unsagbare Leid.....

…..mitten auf dem Schlachtfeld im Blut meiner Opfer begann ich zu verstehen. Ich schrie all den Schmerz & das Leid heraus in die Welt. Hob mein Schwert Richtung Himmel und schwor mir und all meinen Opfern, sowie der Geistigen Welt:

„Von diesem Tag an werde ich Buße tun und all das Leid, dass ich verursacht habe auf mich nehmen. So werde ich fort an das Leben bewahren und schützen !!!"

Ich nahm das Schwert an beiden Enden und zerbrach es auf meinem Knie. Eine Welle an Energie ging durch die ganze Welt.

Mein Herz sagte mir, dass ist der richtige Weg. Doch ich machte die Rechnung ohne die Gunst meines Königs.

Am Hofe schilderte ich dem König meine Bitte. Dieser lächelte und schenkte mir meine Freiheit. So schien es.

Damals brachte mich das Leben dazu, mich mit den Heilpflanzen zu beschäftigen und so verbrachte ich viel Zeit in den Wäldern.

Der König war sich sicher. Wer nicht für mich ist ist gegen mich. So entsandte er fünf Assassine um mir das Leben zu nehmen. Dies war der Lohn für meine Treue und Ergebenheit. Sie fanden mich in der Dämmerung im Wald, wo sie mich in einen Hinterhalt lockten. Sie meuchelten mich nieder und wäre ich nicht an Blutverlust gestorben, würde es das Gift an ihren Klingen erledigen. Das Ende war nah. Aus der Vogelperspektive konnte ich mit ansehen, wie mich eine Heilerin fand und mit zu sich nahm, um mich zu pflegen. Es brauchte lange, aber sie schaffte es mich zu heilen. Nicht nur meine Wunden, sondern auch mein Herz. Wir verliebten uns und bekamen ein Kind. Wir kümmerten uns um jene,

die Hilfe nötig hatten... für den König
war ich gestorben, für den König habe
ich gekämpft. Nach meinem Tod wurde
mir ein neues Leben geschenkt, voller
Liebe und Heilung. Ich verstand, dass
ich noch viele Leben leben musste um
diese Schuld zu tilgen und den
Menschen Heilung zu bringen. Jenen,
die durch mich Verletzungen erlitten
und welche die mir Verletzungen bei
brachten. Alles konnte von da an
Heilung erfahren...
Dort begann mein jetziger Lebensweg
und hält nun schon viele Jahrhunderte
an. Langsam kann ich spüren wie die
Begegnungen weniger werden und all
mein Leid in Liebe und Harmonie
umgewandelt wurde. Ein langer und
blutiger Weg, ebnete mir den Weg zum
Verletzten Krieger. Zum friedvollen
Krieger. Zum Herz des Lebens. Zu dem,
der ich Heute bin, aus dem, der ich
damals war.
Ich entschied mich damals aus freien

Stücken, mein Leben in den Dienst des großen Herzens zu stellen. Ihm zu folgen und zu Vertrauen.

Wer es vermag seinem Herzen zu zu hören, der kann auch seine Seele verstehen und somit hat er alles was er braucht um es RICHTIG zu machen !!!

Philosophie über Leben & Tod

VON INNEN BETRACHTET
IST
DAS JENSEITS VIEL
GRÖSSER;
ALS MAN ES VON AUSSEN
SEHEN KANN !!!
(Da_UnverstAndt)

Das Leben hat ohne den Tod nicht den gleichen Wert.

Sollte man in Angst etwas erwarten, das unumgänglich ist ? Wenn man sich bewusst ist über seine Vergänglichkeit und zu Lebzeiten damit auseinander setzt, lässt sich jede Menge an Lebensqualität dazu gewinnen.

Man könnte also sagen, dass der Tod uns lehrt, wie man richtig lebt !!!

Nehmen wir mal an ...

Babys können untereinander kommunizieren. Ihr könnt euch die kleinen mit Handys ausgestattet vorstellen und damit haben sie Kontakt mit allen anderen Babys. Wie wäre ihr Leben ? Würden sie annehmen ihr Leben dauert nur 9 Monate ? Und dann ? Was kommt danach ?

9 Monate lang verbringen sie in ihrem ersten Entwicklungsstadium und dann kommt ein helles Licht.....

Die erste Erfahrung die wir als Baby machen, ist die mit dem Unbekannten. Das macht uns Angst. Wir Wissen nicht was da auf uns zukommt. Wir glauben es geht zu Ende, doch in Wahrheit, beginnt ein neuer Abschnitt unseres Lebens. Die Nabelschnur wird durchtrennt und wir werden von unserer Mutter, die uns 9 Monate nährte, abgenabelt.

Man kann dies übertragen auf unser gesamtes Leben. Die Mutter ist in diesem Fall der Planet auf dem wir Leben. Die Erde. Sie ernährt uns und ist unser ganzes

Leben lang für uns da, wie es jede gute Mutter ist.

Wenn es in den nächsten Lebensabschnitt geht und wir sterben, findet eine Abnabelung statt vom Planeten Erde. Der Erdverbundene Körper wird verlassen und die Unsterbliche Seele macht sich auf den Weg zur nächsten Mutter. Das Licht das viele sehen ist also eine Erinnerung die wir längst vergessen haben. Die unserer Geburt. Sie soll uns zeigen ... hey, es geht weiter. Das ist nicht dein Ende sondern ein neuer Anfang. Und auch unsere Erinnerungen die wir im Mutterleib sammelten, haben nahezu alle Menschen verdrängt und vergessen.

Da sehe ich ein Muster. Die

Erinnerungen scheinen verloren ...
doch ist dem Wirklich so ? Unsere
Seele erinnert sich an jedes Leben
und an jeden Tod. Doch mit jeder
Geburt werden diese
Erinnerungen immer tiefer im
Unterbewusstsein eingegraben.
Sie gehen nicht verloren, nur
nehmen wir uns heutzutage nicht
mehr die Zeit ihnen
Aufmerksamkeit zu schenken.
So schenken wir immer nur dem
aktuellen Leben unsere ungeteilte
Aufmerksamkeit. Erst im
Mutterlaib, dann je unserer
Entwicklungsstufe (Säugling,
Kleinkind, Kind, Jugendlicher,
Halbstarker, Erwachsener und
Rentner). Dann der Tod in dem es
im gleichen Schema weiter geht.
Wobei es mit dem Erinnern in

Jenseits etwas anders ist.
Immer spielt nur die aktuelle
Lebenslage eine entscheidende
Rolle für uns.
Wären wir in der Lage und
könnten uns alle Erinnern.
Was wäre es für eine neue Welt ?
Wir hätten Zugang zu all unseren
Leben und ihren Erfahrungen.
Das Opfer – Täter Schema wäre
hinfällig, da es die Meisten schon
durchlebt haben. Ein komplett
neues Bewusstsein würde
entstehen.
Wäre mal was Neues. Der
Verstand wäre befreit und die
meiste Angst wäre Verständnis
gewichen. Menschen fangen an
selbstständig zu Entscheiden und
ließen sich nicht mehr durch Angst
Kontrollieren.

Ich steh auf dieses
Gedankenspiel !!!
Auf einmal ist so vieles was uns
kettet nicht mehr von Bedeutung.

Worauf wollte ich im eigentlichen
noch mal hinaus ?
Ach ja ! Unsere erste
Angsterfahrung. Die Geburt.
Diese Angst begleitet uns unser
gesamtes Leben. Das Erste was
wir erfahren ist Angst und so leben
die Meisten... in ständiger Angst.
Ein Trauma das keines ist. Das
Gefühl der Angst stärkt uns, gibt
uns Kraft, möchte uns zeigen, sieh
hin, ist doch gar nicht so wild.

Sie schenkt uns die Möglichkeit über uns hinaus zu wachsen und im neuen Licht zu strahlen.

Darum möchte ich euch eine meiner wichtigsten Lebensweisheiten mitgeben, die da lautet .....

KEINE
PANIK

DIE WAHRHEIT EXISTIERT
NIEMALS IN WORTEN !
DAS WAS GESAGT WIRD ,
KANN NUR AN DIE
WAHRHEIT ERINNERN !!
DIE WAHRHEIT EXISTIERT
NUR IN DER ERINNERUNG
VON DEM,
DER SIE GESEHEN UND
ERLEBT HAT
JA UND DAS IST DANN
SCHON WIEDER SEINE
WAHRHEIT !!!

(Zitat von Unbekannt)